As Vozes da Alma

" Quando me calo, deixo que a alma fale por mim. E ela baila...transbordando versos..."

ISBN 978-989-97376-0-0

As Vozes da Alma

Carmen Lúcia

"Se Deus um dia me tirar a poesia,
pedra é pedra..." (Adélia Prado)

Prefácio

Brilha olhos, brilha,
transborda a arte,
escreve o que vai além da letra,
transforma o verso inacabado
vai de encontro ao peito,
encontra o coração apaixonado.

Dança lápis, dança,
entrelaça os dedos da artista,
deixa que ela te conduza,
atende ao clamor que te sobreveio
e transborda os sonhos da musa...

Carmen Lúcia é assim. Mergulhar em seus poemas é respirar
talento e encanto. Tem sido um privilégio escrever algumas vezes
com ela, em parceria e partilhar a doçura e a beleza com que
transborda a sua arte. Encorajo o leitor a ler as páginas a seguir,
não apenas como mais um livro de poesias, mas como gotas de
sensibilidade e talento que têm a habilidade de tocar a alma.

Arlete Castro
Escritora e Poetisa - Portugal

In Memoriam

Dedicado à minha eterna mestra, Maria Aparecida Pinho, (D.Cidô), querida professora de Português, que fez despertar em mim o gosto pela leitura e pela arte de escrever.

Agradecimentos

A Deus, por me ter mostrado o caminho singular da poesia.

Ao meu sobrinho, Alexandre Toledo, por ter acreditado em mim, sempre.

Ao site "Poemas de Amor", por me ter aberto as portas para a publicação desse meu primeiro livro, por meio das pessoas queridas: Fernanda Queiroz e Miguel Duarte.

À poeta e amiga, Susie Sun, que me empresta seu ombro em minhas fases mais difíceis e sua alma fractal para que eu vislumbre o belo e sorria, autora do carinhoso posfácio desse livro.

À poeta e escritora, Arlete Castro, que gentilmente aceitou prefaciar esse volume e a quem dedico enorme admiração.

Dança, bailarina, dança...

Dança, bailarina, dança...
Põe nos teus passos toda a harmonia
E a poesia nas pontas de teus pés,
Em gestos nobres, faze surgir a fé!

Gira, bailarina, gira...
Vai girando e semeando amor,
Mais depressa que as voltas do mundo,
Pra que haja tempo de matar a dor!

Baila, bailarina, baila...
Traze contigo a primavera
Pra florir os campos, florescendo a Terra,
Numa explosão de cores que tua dança encerra.

Faze de tua arte uma suave prece
Capaz de enternecer os corações de pedra.
Faze tua música soar tão alto
Calando assim os estopins da guerra!

Mostra ao Homem que o teu bailado
Expressa a vida nesse simples ato...
Onde o amor é tudo, onde o amor é nato.

Que em teus saltos ponhas tua garra
Seguindo sempre a luz de teu clarão,
Quebrando muros para unir os povos
Num universo único, onde se deem as mãos.

Abre tua alma no esplendor da dança...
Não desistas nunca e verás, enfim,
Bailar no campo, doce e cálida esperança,
Em meio às flores de um lindo jardim.

Frágil bailarina

Nos passos da bailarina

há brilho, versos e rimas...

E o universo se inclina

para o encanto que a ilumina

Etéreo

Dança...
Faz de tua arte simbologia do amor,
Toca o chão, o ar, a emoção... acaricia a dor,
Tange o invisível, o inaudível, o irreprimível,
Languidamente , candidamente, sensivelmente.
Derrama no palco da ilusão a tua fantasia
Que de tão real se transforme em verbo,
E em forma corpórea, materialize-se,
Realizando sonhos, antes mera utopia.

Dança...
Trepida corações impacientes,
Esvoaça por entre corpos irreverentes,
Suaviza com doçura os momentos...
Torna-os perenes, registra-os na alma
De quem permite por eles se enlevar
E com eles também dançar, flutuar, sonhar...

Dança...
Recria gestos com toda a maestria,
Desbrava o mundo a que já pertencia...
Sacode-o, encara-o, envolve-o de tua magia,
Levita, transcende, ascende, rodopia,
Relata tua vida ao som de melodia,
Performances que geras, bailando poesias,
Desenhando versos, arabesques e rimas,
Nos passos compassados da tênue bailarina.

O último passo

A música termina.
Os últimos acordes pairam no ar...
É tempo de parar.
Num esforço sobrenatural,
O salto da bailarina.
Quase um mortal!
Um desfecho sem igual
Que guardará para sempre.
Docemente, soberbamente...
O último rodopio
Levitante, trepidante.
Na espinha, um frio,
Na alma, calafrio
E um vazio que ficou.
Lágrimas contidas...
Pra que chorar?
Desmoronar agora?
Não! Não era hora!
Enfim, seu momento de glória,
Epílogo de uma história...
Ainda no ar
Combina a arte com a despedida.
O último passo a abalar a vida,
A última nota em sintonia
Com seu gesto perfeito.
Simultaneidade, saudade...
Com majestade extrema
Coreografia suprema.
Retorna ao solo, suavemente,
Feito uma garça.
Cheia de graça! Brandamente!
Solenemente se curva
Em saudação... Reverencia
A ovação e a si mesma,
A arte no palco despejada
E acabada.
Engole a dor, dissimulada.

O poeta e a bailarina

Por entre versos grassa a graça de seus passos,

Que saltitando por sonetos compassados,
A cada rima uma performance ela combina
Num sincronismo magistral, poeta e bailarina.

Nos poemetos, viravoltas são constantes,
Levita em trovas, inusitados os instantes,
A poesia em voos épicos, cibernéticos,
E a bailarina valsa os versos mais frenéticos.

Mas, de repente, para a música, some o chão...
Sapatilhas, em falsetas, titubeiam sem noção,
E o bailado já sem vida, descompassa,
Chora o poeta por faltar inspiração.

Bailarina

Palco iluminado

Multidão calada

Grande expectativa

Pulsar de corações

Rostos sem faces

Vultos que se avolumam

Em cada espaço da plateia incógnita.

Cortinas sobem... sorrisos se abrem...

Olhares fixam, penetram, inquirem.

Ei-la que surge sob etéreo foco de luz,

Figura minúscula, suave, frágil...

A reverência...aplausos febris.

A música ecoa. Sétima de Chopin.

Os primeiros passos, trêmulos, leves, tímidos,

O rodopiar lento, compassado, ligeiro, rápido...

Um salto inusitado!

Um voo inigualável!

Perfeito desafio à lei da gravidade!

A fragilidade que se quebra,

O minúsculo ser que se agiganta,

A suavidade que se supera

Nessa dança que expressa

A alma, o amor, a dor, a vida...

Lágrimas brotam. Quem as vê?

Sorriso triste. Quem o percebe?

Coração que sangra.Quem há de...?

Alma aflita! Voa bailarina, voa...

Num gesto sôfrego cai. Coreografia extrema...

Joga ao chão tristeza, dor e emoção.

As lembranças do dia.

Luzes se confundem, vozes se ampliam,

Corpos se aproximam. A música termina.

Bravo!!! Bravo!!! Bravo !!!

Portas se fecham, cerram-se cortinas,

Encerra-se o espetáculo. Adeus à bailarina!

Contigo eu danço

Contigo eu danço salsa
Merengue, forró, lambada...
Junto meu sangue latino
A um "quê" de brasilidade.
Com muito tempero e gingado
Arrasto meus pés num xaxado.
Requebro, me quebro, me entrego
Contigo sempre colado.
Tuas mãos em minha cintura,
Elevam-me às alturas.

Contigo eu danço valsa
Clássica, contemporânea, mpb...
Rodopio ao som de Strauss,
Valsando os "Bosques de Viena",
Emergindo no "Lago dos Cisnes".
Então, emocionada fico,
Ao te achar na "Valsinha" de Chico.

Contigo eu danço tango,
La cumparsita, Abrazáme Así...
Ao teu corpo eu me agarro
E me deslizo do começo ao fim.
Minhas pernas às tuas entrelaço
E te convido para um abraço
Roçando meus lábios nos teus
Num gesto insinuante, passional...
Giramos sem sentir o chão,
Coreografia única e sensual.
Contigo eu danço até a exaustão
Danço no meu coração...
Danço a escuridão, danço a paixão,
E danço assim, sabes por quê?
Porque tu és a razão.

Minha rua

Lá na minha rua eu podia ser tudo...
Bandida, mocinha, princesa, rainha!
E quando vencia qualquer brincadeira,
Eu era aclamada de "A heroína"!

Lá na minha rua, eu podia ser tudo...
Ter asas, voar, ser um passarinho!
Em árvores pousar, construir o meu ninho,
Cair, machucar e voltar a sonhar.

Ser bruxa malvada, uma feiticeira,
Pular e gritar ao redor da caldeira,
Ver olhos de espanto de uma criançada
Fugindo correndo da bruxa malvada.

Lá da minha rua, eu podia ver tudo...
Um céu pintadinho de estrelas-cadentes,
A lua pertinho do final da rua,
Piscando, sorrindo, mostrando-se nua.

Lá na minha rua, deixei registrada
Uma infância feliz onde podia tudo,
Rua de pedrinhas, de luz, de brilhantes...
Rua dos meus sonhos, meu marco, meu mundo.

Bem-te-vi!

Amanhece...
Apologia ao dia:
Bem-te-vi! Bem-te-vi!
Meus ouvidos ouvem...
Só eles ouvem?
Suave assobio,
Que resplandece, enaltece
E o trágico emudece,
O belo permanece...
Momento mágico.
Bom dia!
Extrema magia.
Perante tal altivez,
O homem e sua pequenez.
Gravo em minha mente,
Docemente...
Bem-te-vi! Bem-te-vi!
Quis ver bem o que tu viste.
Não consegui...nunca vi!

O trem

Não quero saber das partidas,
Das idas sem vindas
Que vão e não vêm...
Causando transtornos e danos,
Levando os sonhos nas rodas de um trem.

Eu quero é ouvir seu apito,
Acenar com agito em cada estação...
Sorrir ao sentir a chegada
Daqueles que foram buscando emoção!

Quem dera poder ir embora,
Partindo com ele nos trilhos do além...
E ver nas janelas, lá fora,
O tempo ficando distante de mim.

Já ouço o trem apitando
Na linha da vida, sem rumo, enfim...
Será que está indo ou chegando,
Trazendo ou levando, o princípio ou o fim?

Loucamente

Loucamente... tentei livrar-me dessa triste sina,
Me equilibrei num fio da esperança incerta,
Com a mente insana, fruto da vida profana,
Que a pressão do mundo oprime e a sociedade aperta.

Loucamente...tentei juntar palavras desconexas,
Dar um sentido a elas e ser compreendida,
Mas o que sai de mim a todos vexa,
Fazendo-me voltar ao ponto de partida.

Loucamente...a mente louca que me foi legada
Traçou o meu perfil, mostrou a minha alma,
Gritou aos quatro cantos: "Quero ser amada"!
E um silêncio mudo calou a tresloucada.

Loucamente...transpus as raias da loucura,
Busquei desesperadamente a minha cura,
E entre um delírio e outro, próprios de um ser louco,
Eu transcendi à dor, transgredi as regras e me enlouqueci de amor.

Até o pôr do sol

O sol estava se pondo...
Tarde de outono.
Observo minha mãe
Num denso sono...
Nem percebe as folhas que caem
E amareladas, se esvaem,
Tocando seu inexpressivo rosto.
Parece querer de pleno gosto
Ir de encontro ao sol se pondo,
Sem resistência, sem confronto...
Espera que a leve a luz tênue da tarde
Sem barulho, sem aviso, sem alarde...
Frágil como a pluma a dançar no ar.
Logo ela, que se lançava aos desafios,
Entrega-se agora...Nem luta, nem chora...
Desiste a cada dia, definha a cada hora.
Espera ver o pôr do sol levá-la embora.
Triste saber que ela desiste...
Vacila entre o existir e o inexistir.
Tão triste vê-la
triste...

Saudade

Os dias passam lentamente...
Enfim, o pesadelo vai se afastando,
Dando passagem às lembranças
Que de saudade vão se vestindo
E no vazio da alma se imbuindo...
Antes nua...agora envolta de recordações.

Não chegam a doer, nem a retroceder,
Marcam presença, lembram ausência,
Fazem sorrir...momento indescritível
Ou chorar...fato irreversível.

Resta-me a saudade!
Mesmo sem a querer, ela invade,
Pensa que pode suprir o lamento,
Reverter o acontecimento
Já sacramentado, injuriado...
Fantasia instantes que quero esquecer,
Realidade que encaro, sem compreender,
Torpedo lançado, sem mais nem porquê,
Inesperado, abrupto, cai sem se prever,
Faz parte da vida e pergunto:Por quê?

Saudade, fica! Me resta você...
Não me iluda, nem desiluda,
Ajuda-me a esquecer!

Alma de luto

Hoje trago a poesia
Fechada em meu peito,

Tarjada de preto.
Guardada com jeito
Pra não extraviar ...
São versos profundos
Arquivados na essência
Do que me há de sagrado,
Pra não se profanar,
A silenciar...
Trajados de dor,
De partida, de amor,
Da saudade que ficou,
Lembranças a rolar...
Do luto que sinto
Do pranto que insisto
Em não revelar...
Comigo quero guardar.
Talvez, se chorasse,
A alma aliviasse
O meu triste penar...
E as lágrimas lavassem
A tristeza que reluto
Em não se pronunciar...
O que me consola
É a poesia que aflora
Levando-me a recordar
O passado que agora
Em meu ser extrapola

E faz meu coração chorar.

Quando o silêncio fala

Inquietante(mente) brada o silêncio,
De tão calado, quieto, eloquente,
Ouve-se sua fala, repercutindo ecos
A penetrar o ego, prepotente,
Como resposta ausente de quem cala,
Como monopolizador de quem consente.
Alucinadamente, o silêncio enlouquece,
Mudo, cria sons; estático, move-se rápido,
Silenciosamente, inunda de falas as esquinas...
Às vezes entristece, por outras, ele aquece,
Reacendendo ímpetos da emoção,
Agindo hábil, ave de rapina,
Criando asas, aguçando a imaginação.
Responde o não perguntado,
Afirma o não respondido,
Confundindo em alto e bom som
O que nunca foi falado.
Bradando alto, grito calado.
Dá margens para interpretação...
Ilude, desilude, omite, difunde,
Em alucinante (con)fusão
Tudo o que nos arrebata...
...Ou quase mata...
Fruto da imaginação!

Labirinto

Rastreio passos por caminhos que perdi,
Procuro inversos entre os versos que reli,
Busco a essência infiltrada na raiz
E a palavra sacrossanta que bendiz.
Percorro livros que clareiem minha mente
Sem encontrar o conteúdo convincente.
Se me aproximo da verdade, ela se esconde
E me afasto sem saber... Ir para onde?

Abro horizontes e não sei o qual seguir,
Construo pontes com intuito de unir,
Se as transpasso, ultrapasso o meu espaço
E vou além de onde precisava ir...

Recorro a Freud, que explode o pensamento,
Que não explica... Replica meus argumentos...
De meu rosário descontei todas as contas
E até meu credo anda descrente de mim.

Já não sei quem sou, como sou, se sou...
Inerte estou, perdida num labirinto
Pintado em minha mente, triste mente
E o coração gritando a confusão que sinto.

Nós

Nós,
Que já vivemos juntos tantas situações,
Compartilhamos emoções e alegrias,
Fomos cúmplices, segredamos utopias,
Vilões e heróis de nossa própria fantasia.

Nós,
Que fomos muito além dos sonhos,
Reinventando rotas, recriando planos,
Intensificando dias, meses e anos,
Vendo tristonhos, cair as folhas de outono.

Nós,
Que já vivenciamos tanta dor,
Nos abraçamos para dar-nos mais calor,
Nos consolamos, enfrentando temporais,
Trilhando juntos os mistérios abissais.

Nós,
E as aventuras por debaixo do lençol
A descobrirmos as nuances do arrebol...
Foi tanto amor, por ser demais se desabou
E separados, ninguém sabe o que restou...

...ou se restou...

Até o fim de tudo

Só quem é movido pela inspiração
Entra em transe, capta toda aflição.
Quem tem o dom de iluminar,
 De sorrir uma alegria pura,
Ou de chorar a dor que não é sua
E dá o grito de uma outra garganta,
Que não teve força pra gritar ou implorar...
Quem combate a guerra fria, todo dia,
Trazendo a paz e a luz no seu olhar,
Fazendo renascer a flor que já morria...
Quem transpassa o desespero, a dor
E ainda crê no bem maior...O amor!
Quem tem motivos para a indiferença
E com palavras eterniza a essência...
Afasta a tempestade que apavora
Mostrando um novo sol que revigora,
Enfim, quem faz da esperança seu escudo,
Poeta é chamado...até o fim de tudo!

Impede-me!

Tira-me o chão,
O rumo, a direção...
Corta minhas asas,
Impede-me de voar!
Arrebata-me os sonhos,
O meu direito de sonhar...
Veda-me os olhos;
"O que os olhos não veem,
O coração não sente..."
Mas, pressente!
Lacra-me o sorriso,
Sorrirei com a alma, com a mente.
Escreve o meu destino,
Registra-o em teu pergaminho!
Cerca meus caminhos,
Obstrui o meu caminhar,
Excita a minha sede
Mostrando-me água a jorrar,
Aprisiona meus sentimentos
E o pranto que a alma quer lavar,
Cala meus pensamentos
Onde habitam desejos, ensejos...
Mas jamais poderás me roubar
A capacidade de amar.

Fim de linha

Fim de linha, Cinderela!
Nem sempre a vida é bela.
Hora de voltar aos borralhos,
criar novos atalhos,
juntar os trapos,
fincar o pé na estrada.

De tudo, não sobrou nada!
Peregrinar pelos caminhos...
Quem sabe um outro conto de fadas?
Ainda há rosas entre os espinhos...
Instantes de felicidade!
Fração de segundo...
Passear pelos campos de lírios? Delírios!
Príncipe encantado? Sonho alado!
O despertar é outro...Triste engodo!
Pague seu tributo, com apresso,
Tudo tem seu preço.
A carruagem virou ao avesso...
Terminou o tempo!
Contratempo!

Resta agora...
...a abóbora!

Coautora

Quando eras rei, te aclamava,
Eu... tua plateia, rainha ou escrava,
entre risos e gritos da meninada ouriçada,
aplaudia tuas bravatas.Contigo sonhava.

Juntos crescemos, adolescência atribulada,
eu, apaixonada, sem nunca ser notada.
De tuas paixões, a coadjuvante,
de teus enredos, figurante.
Como cineasta, sempre davas as cartas.

Emaranhei-me nas teias de tuas desilusões,
choravas as minhas lágrimas derramadas...
Em teus filmes, fui figuração,
Enquanto a protagonista roubava teu coração.

Lado a lado, vivendo tua história,
Lamentando teus erros, vibrando tuas vitórias,
fui sombra que protege de sóis que envaidecem
ofuscando a visão aos valores que enobrecem.

Mas, às vezes que te senti morrer
(e que de vez iria te perder)
tomei-te as cartas...eu mesma as dei...
E sob a minha direção
transformei realidade em ficção...
Mudei a trama, fui produtora,
Juntei-me a ti, protagonista e coautora.

Inquietude

Toda essa inquietude
a percorrer o meu íntimo,
(velocidade tamanha)
clamando tudo o que sinto
e que meu âmago, arranha,
mesmo que eu não fale,
ela se tatua , se perpetua,
me mostra nua...
e por mais que eu me cale
ela me invade, me persuade,
se instala em meu corpo...
exala pela minha pele,
ainda que eu não me revele...

Essa inquietude comanda
meus passos, meus rastros, meus atos
e só se aquieta com o simples fato
de sentir o teu contato

Meio-Dia!

Algumas horas já se transcorreram,
Rápidas, quanto os segundos que as precederam.
Horas vazias, tempo ocioso, momentos vadios.
O que fiz está sacramentado,
O que chorei deixou o chão molhado,
O que errei ficou errado,
O que pequei se fez pecado.
Transformei-me em meus erros...
Desviei-me por caminhos incertos
encobertos pela lama que me mascarou;
Mas ainda resta a tarde...
Ela está por vir...A me sacudir...
Um erro na vida contundida
não há de ser uma vida de erros
e desacertos.Há consertos!
Ainda tenho o resto do dia
pra tentar acertar o que não fui capaz
nessa manhã que não deu certo.
Coloco à minha frente a esperança
que havia ficado pra trás
e abandono o passado, soterrado...

Meio-dia! Ainda resta a tarde...
Quero o amor ressuscitado
dessa manhã de destruição.
Quero devolver-me a mim mesma,
ser minha tábua de salvação.
Quero vida nova, absorver seu significado,
fazer de meus erros, um aprendizado,
e quando surgir a noite
ver meus sonhos concretizados!

Ao entardecer

O vento entoava sua canção
Às vezes suave...
Balançando as folhas do trigal
que encenavam clássico bailado.
Por outras... rústica,
em ato de rebeldia
fazendo espatifar-se no ar, a poesia...
E as rimas se entrelaçarem pelo lusco-fusco,
chocando-se com as cores do crepúsculo...
E o verde-dourado-trigal, outrora angelical,
mudava seu tom, sua gradação,
transformando-se num camaleão.

Era o entardecer em rebelião...
Negando-se a dar passagem à noite,
Revoltando-se ante a escuridão
ameaçadora, extirpadora da empolgação,
agarrando-se aos últimos lampejos de sol,
tentando inibir a ida do arrebol...

Esquecera-se da luz da lua
que traz o prata, beleza nua,
das estrelas cintilantes
que inspiram os amantes...
Da alma que se acalma
e se entrega a essa paz
quando a noite traz o luar.

E os pisca-piscas a estrelar!

E o trigal, quando anoitece,
cala, emudece...Silenciosa prece...
Exerce seu mais inusitado gesto.
Reverencia o fim do dia

curvando-se até o chão...
Coreografia única, ato final,
E aguarda a manhã
com sua luz matinal!

Prece

Caminha comigo, Jesus!
Abranda as batidas de meu coração,
acalma minha mente...
Tu podes! Tu ...somente!
Mostra-me a eternidade do tempo
reduzindo meu ritmo apressado,
ansioso, estressado.
E ao meu cotidiano, de agitações tamanhas,
apresenta a tranquilidade das montanhas
E a brisa que vem aliviar
com o vaivém das ondas do mar...
Que a musicalidade mansa das águas dos rios
seja serenidade para meus tensos músculos
E nervos em desvarios.

Concede-me o prazer de parar e contemplar
a beleza de uma flor,
Abraçar um amigo de infância,
Afagar uma criança,
Mergulhar na fantasia...
Ler uma poesia.

Abranda meu passo, Senhor!
Para que eu possa sentir
entre ruídos e lutas incessantes
a Tua presença constante.

Abranda meu passo, Senhor!
Para que eu abrace a esperança,
Ajude o meu próximo
e cale-me para ouvir Tua voz.

Abranda meu passo, Senhor!
E inspira-me a plantar e cultivar
em solo produtivo, valores duradouros...
Para que eu possa crescer até as estrelas
e cumprir minha maior missão.

Do outro lado do muro

Pela fresta da janela
perco-me a olhar,
todo dia,
O outro lado do muro,
criado pela fantasia...
E me envolve o brilho do fascínio
tão intenso quanto o que imagino
que há por detrás do muro
que vejo de minha janela.

Transporto-me para lá,
em pensamento...
E o horizonte abre suas portas
deixando-me passar...E sonhar!
Corro descalça para todo lado,
clamo poesia em alto brado,
piso o macio do verde gramado,
respiro ar despoluído, aromatizado.
Não há fronteiras, nem obstáculos,
unem-se pontes aos sentimentos
e por elas transitam belos momentos.
Em sintonia com a liberdade
a harmonia reflete a verdade.
O amor ciranda pelos corações
a liberar todas as emoções...

Mas a tramela em minha janela
impossibilita-me de pular...
E do lado de cá,
o outro lado do muro
fico a imaginar...

Viagem

Viajemos juntos na mesma embarcação,
Tomemos o mesmo rumo, a mesma direção.
Encontremo-nos, por coincidência, na mesma estação
e partamos a sós numa viagem sem fim...

Façamos do acaso nosso ponto de encontro,
sem mágoas que corroem, marcas e confrontos.
Deixemos o destino cruzar nosso caminho,
sejamos alvo da mais ardente paixão...
Almas num só corpo,
mentes que surpreendem
até a imaginação...

Entrega-me flores com o teu olhar
e meu olhar se encherá de cores
a se espalhar pelos lugares
onde transitam livres razão e emoção,
num desequilíbrio lúcido,
numa cumplicidade lúdica,
pendendo às sensações e vibrações.

Tracemos rotas de puros sentimentos,
congelemos nossa vida em momentos,
aqueles que jamais esqueceremos,
aqueles que incitam a sonhar...
Deixemo-nos levar pelo abandono
a conduzir nosso amor, sem aportar.

Uns minutos com você

Preciso de uns minutos com você,
a sós...
Ouvir a sua voz
bem perto,
Estremecer...
Sentir seu hálito quente
a arrebatar-me o momento
e num devaneio eloquente
pensar que faço parte de seu ser.

Preciso de uns minutos com você,
Longe do mundo...
Acima de qualquer querer!
Pôr sua mão em meu peito,
mesmo sem jeito...
Deixá-lo transparecer,
transcender...
Fazê-lo sentir meu coração
extasiado,
o frêmito de minha emoção,
desencadeado...
Amor e paixão!

Ficarei calada, hipnotizada,
meus olhos falarão por mim,
eles sabem exatamente as palavras
que não conseguiria dizer...
Revelarão meu sentir...
Se acaso ouvir uma canção,
é minha alma a sorrir
solfejando o dó, ré, mi...

Apenas uns minutos com você
serão o bastante para perceber
desse meu amor, a imensidão!
E depois desse meu ato atrevido,
mesmo que não tenha entendido,
porei os meus pés no chão.

Momento de Reflexão

Olho pela janela da alma
e meu olhar percorre meu ser...
Olhar persuasivo que não desiste de ver.
Não um olhar apressado, mas prolongado,
a sondar e investigar
profundamente meu viver.

Um olhar clínico, a diagnosticar
o que passou, o que ficou, o que será...
O que ainda brotará
das sementes que plantei...
Das que cuidei, das que deixei de cuidar!

E ao olhar pra mim mesma,
navego na introspecção...
O que me aguarda
ao final da última curva,
se a visão se turva
e não posso enxergar?
Doem meus pés descalços
correndo ao encalço
da última trilha
que tento alcançar.

Terei erguido minha habitação
firmemente alicerçada
nos pilares da retidão?
Submeti-me à compaixão,
ao amor e ao perdão?
Onde guardei meu coração?
Ouço a voz da inquisição
a indagar, feito lamento...
Onde escondi o meu tesouro
nesse exato momento?

Faxina mental

Retiro da mente

pensamentos doentes,

com os quais divago

inutilmente...

deixando-os fluir

continuamente...

seguindo seus vincos

e rastros...

Pensamentos vagos,

dormentes...

Lesando meu corpo,

entorpecentes...

Pensamentos vazios

E contagiantes...

Refletidos na pele.

Resposta ao comando da mente

Que devolve tudo o que transborda

E transcende...

Vomitando

O que permanece calado,

entalado...

Em estado latente!

Expurgo o que me faz mal

De minha mente, de meu ser;

pensamentos irracionais,

obstruindo vasos arteriais...

Lixo mental,

letal...

E retomo à vida, renascida!

Meus sonhos

Meus sonhos ultrapassam medidas,
planam sobre minhas asas,
pousam em minhas arestas...
Em meus cantos, desencantos, nostalgias.
E sempre ganhamos altura.
Quanto maior a dor, mais ousado o voo.
Voamos mais alto que as amarguras...
em nossas aventuras e desventuras
tornando-as fantásticas venturas.

Meus sonhos sequestram-me de abandonos,
roubam-me da realidade,
poupam-me a fatalidade,
transportam-me ao deslumbramento,
fazem de um só momento, eternidade,
onde um sorriso é ingresso para entrada
e a dor é transformada em fantasia.
Morada poética, sem hipocrisia.
Fazem do poeta alma, luz, inspiração,
a imaginar que toda noite é dia...
Ver de perto as estrelas, tocá-las com a mão.

Meus sonhos sugerem poesia...
Embalam-me em seus braços,
abraçam-me noite e dia.
Expulsam meus fantasmas,
livram-me dos medos,
enxugam o meu pranto,
repõem minha energia.

Noite de Natal

Ergue os olhos para o céu!

Tenta transpassar-lhe o véu

que encobre o luar...

Desnuda as estrelas a brilhar;

fixa teu olhar na luz intensa

daquela estrelinha especial

que trêmula, escondida,

e atrevida,

quer se fazer notar...

Reluzente, agiganta-se e se agita,

só pra te desejar

Feliz Natal!

Bastidores

Invadi teu palco,
Impedi tua cena,
Teus gestos tresloucados
Ora febris, ora apagados...
Silenciei os aplausos,
O teu riso sorvi,
O teu pranto extorqui,
Lavei o teu rosto,
Removi maquiagem,
E toda abordagem...
Máscaras servis
Que faziam de ti
Reles personagem
De tramas vis...
Rasguei o teu texto,
A tua inverdade.
Sem nenhum pretexto,
Fiz atuar a verdade
Que mais te condiz
E que deixa feliz...
Desliguei refletores,
Luzes de esplendores
Que cegam...refleti(dores)...
Escancarei cortinas,
Esmiucei teu espaço,
Ultrapassei bastidores,
Olhei por trás dos panos,
Te acolhi num abraço,
Beijei teu verdadeiro pranto.

Introspecção

Hoje me recuo,

recolho meus vestígios,

fecho-me em mim.

Repudio pensamentos pesados,

e por demais ousados

que me vestiram assim.

Recomeço pelo fim.

Apago marcas do que sou

que travam passos que dou...

Disperso o meu cheiro

que impregna meus devaneios

dissimulados, sem roteiro...

Renovo os sonhos que nunca busquei,

escondo os rastros que por aí deixei,

que contam como sou, onde estou.

Hoje refaço o destino

incisivo e opositor...

Esvazio o meu íntimo,

liberto-o do dissabor.

Desdenho o desatino,

tudo o que faz retroceder

e sofrer, e doer, e perder...

Os últimos acordes entristecidos,

São sugados pelo ar...

Canção que já não quero mais cantar.

E nesse ostracismo a me buscar,

a me encarar, a me enfrentar,

confronto com meu próprio eu...

Talvez descubra o que restou,

o que morreu...

Ou quem sou eu!

Retalhos de fantasia

Nesse carnaval estarei na avenida
a reviver pedaços de minha vida.
Em cada disfarce, em cada fantasia
uma verdade mascarada de utopia.

Em cada arlequim, um pouco de mim,
da colombina, o amor que termina...
Do pierrô... lágrimas vertidas,
E da jardineira, as flores perdidas.

Do palhaço, o riso sofrido,
da odalisca, prazer reprimido,
do bobo da corte, o grito contido,
da porta-bandeira, a paixão derradeira.

E verei minha história
refletida na escola,
e no samba a tocar,
meu enredo a sambar.

Faca de dois gumes

A vida...
Faca de dois gumes,
um lado que disfarça
sem alcançar o cume,
escondendo seus queixumes...
O outro, arrojado,
sem disfarces vai à luta!
Lados distintos: o verso e o inverso.
Um sem corte, outro afiado!
Um sem norte, o outro atirado!
O lado cego, negando-se a enxergar,
tentando omitir de si próprio
a realidade...Só quer encenar!
Vestindo fantasia
que o tempo irá retirar.
O lado afiado é o lado verdade;
desafios suporta e injustiças combate.
Jamais perde a autenticidade!

Vivamos os dois lados...
O cego e o afiado da faca,
e assim conheceremos
os dois gumes da vida,
sem ignorarmos nada!

Mariposas

Em direção à luz,
voam as mariposas...
Tristonhas, obsoletas;
querem ser borboletas...
E sonham, em suas prisões,
com cores, jardins e paixões.
Quais damas da noite
desafiam os açoites
de ventos que tentam impedir
o seu triste voar...
Desejos de ir e de vir
rodeando brilho de luz solar.
Cegas pela ambição,
não percebem que a luz a brilhar
não é a do dia, não é da paixão...
É a que o homem acende
sem prever tamanha ilusão.

Boa-Noite, Tristeza!

Boa-, Noite, Tristeza!
Tens a chave da casa...
Entra! Tu a conheces tão bem!
E sabes da saudade que me arrasa...
Cada canto, cada espaço, cada pedaço
tem tua marca...E a dele também!
És personagem de nossa história,
apesar de chegares no fim...
Senta-te comigo à mesa,
falaremos do amor que ainda ficou,
saborearemos o prato da dor que restou
regado a bebida de tua tristeza...
Tudo a rigor, sem esquecer a cereja,
tão amarga quanto a amargura que me marcou.
Dá-me tua mão! Dancemos aquela canção...
A mesma que nunca parou!
Se o sorriso surgir em meus lábios
e a alegria resplandecer em meu rosto,
não te vás! Ainda há o mesmo desgosto...
São instantes de lembranças adormecidas
que teimam em acordar!
Fica, por favor!
Sem ti não posso chorar!

Entusiasmo

Ansiosamente procuro,
sorrindo ou mesmo chorando...
Tropeço e continuo andando,
pés calejados, pisando marasmos...
Rastreando marcas de ...
Entusiasmo!
Persigo, persisto, insisto,
posso cair, mas nunca desisto.
Se um dia senti, é porque existe.
Se um dia sorri, nem sempre fui triste.

Entusiasmo...

Não há receita, teoria perfeita,
apostila que ensine,
prática que confirme,
caminho que defina,
dogma que determine.
É o que move a vida,
deixando-a colorida...
Leva-nos à empolgação
e deixa tudo bonito
mesmo em tempos de expiação.

Entusiasmo...

Não é impossível, nem distante.
Basta ser perseverante,
esvaziar dentro do peito
aquilo que não há mais jeito...
Abrir portas e janelas,
deixar entrar as coisas belas,
lançar ao redor do mundo
um olhar diferente, profundo...
Viver intensamente os momentos,

inundar-se de sentimentos...
Abster-se de cavoucar feridas
e entusiasticamente...
Celebrar a vida!

Fim de caso

Vai...
Segue teu rumo!
Aqui eu me arrumo.
A dor não me amedronta,
sem mutreta, tiro de letra.
A partir dela eu construo;
se ruir de novo, eu reconstruo...
Mais do que enobrece, ela fortalece.
Amar é sofrer, mesmo sem querer;
mesmo sem saber, mesmo sem perder.
Portanto, livra-te de culpas!
Tudo tem seu tempo certo...
Nascer, crescer, resplandecer...morrer.
É a lei da vida.Que se há de fazer?
Assim é o amor, que chega de mansinho...
(Como um dia tu chegaste)
Invade a alma, rasga o peito
feito um transgressor
que desconhece leis.
Qual um infrator,
Comanda nossos atos,
sem escrúpulos, com desacato,
e como vem, se vai...
Sem aviso, sem recado.
Pode ir! Parte, some...
Sem mesmo olhares para trás,
Sem mesmo olhares para o lado...
Esse filme eu já vivi...e aprendi.
Só peço-te que ao sair
Feches o portão com cuidado

Botequim

Almas sedentas, isentas de hipocrisia,
almas distintas, famintas de rimas, de poesias,
rastreiam carinho, anseiam driblar o frio, o vazio.
Em busca do mesmo desejo, reforçam o ensejo
de serem ouvidas, sentidas, amadas, compreendidas...
Gritos incontidos, uníssonos alaridos
que rasgam peitos, apontam feridas.
Marcas da vida, ressentida, sofrida...
Mágoas dos dias, dos anos, desenganos...
No encontro, a unicidade, a cumplicidade.
Um ponto qualquer da cidade, sem alarde.
Cantos, recantos esquecidos, empobrecidos
enchem-se, povoam-se, avolumam-se... enriquecidos.
Vozes entoam, cantam, encantam, acalantam.
As últimas gotas dos copos, garrafas a tilintar...
Trepidantes, acordam o lirismo, versos pro ar...
O recinto transborda sonhos.
Batuques de tamborim.
Acordes de bandolim.
E todos se tornam poetas
naquele botequim!

O voo do poeta

Aguarda para alçar seu voo,
não como ave de mau agouro,
mas como quem observa, à espreita,
o decorrer de fatos insensatos,
na espera do momento exato
de um voar certeiro, inexorável,
circundando altos e baixos,
desde a mais íngreme depressão
à mais alta e inatingível dimensão.

E quando chegar a hora esperada,
prevalecerá sua decisão irrevogável.
Soltará a voz, não como algoz,
nem como ser execrável...
Mas como guerreiro atingido
na luta desigual , sem salvo-conduto.
Bradará a indignação que sente,

a mesma de nossa gente,
deixando-a descontente
engolindo a opressão oferecida.

Seus versos que eram fantasia,
cantados em rimas e poesias,
rebelam-se à custa da hipocrisia,
(Armas contra a vil utopia)
Realidade incoerente à do poeta
em que a insensibilidade o afeta,
levando-o a voos delirantes e sombrios,
indecifráveis, frios e sem brilho...

Mas, por enquanto, aguarda.
Há sempre o momento sensato.
A paciência é grande virtude,
sempre e em qualquer altitude...

Então, não haverá grade que segure
o combate às desigualdades sociais,
o não à corrupção, ao descaminho da nação...
A tudo que impeça de prevalecer a paz.

Vejo-te!

Vejo-te...
Na luz diáfana de cada alvorecer
trazendo resquícios prata do luar,
que ainda não teve tempo de se apagar...
Vejo-te...
Na beleza da flor a se abrir,
na fragrância que exala ao florescer
trazendo teu sorriso a me sorrir...
Vejo-te...
Em meio às brumas do oceano... e te chamo,
nas lágrimas que por não te ver, derramo
a imaginar que podes estar lá, que vais voltar...
Vejo-te...
Nos beijos prolongados dos apaixonados
quando fecho os olhos, ofereço os lábios
e sinto os teus, colados aos meus...
Vejo-te...
Sob os lençóis da cama, a saciar
os desejos insanos, que a alma reclama
e que acorda só, pois não estavas lá.
Vejo-te...
Quando olho o céu em noite de luar
e percebo uma estrela a me brilhar...
E tenho a certeza:És tu quem lá estás!

Via Crucis

E então decidi

Despojar-me de todos os pecados,

ser meu próprio Pôncio Pilatos,

ter meu corpo crucificado.

Não para salvar a humanidade...

Não me crivaria de tamanha dor!

Cristo foi mais sonhador...

Não, foi mesmo autopiedade

da alma, em busca de serenidade.

Caminhei com a cruz. A que me impus!

Não caí somente três vezes.Foram muitas!

Já havia tombado tanto,

pelo peso de meu pranto,

por minha consciência pesada

não ouvir a voz da razão,

nem mesmo a do coração...

E agora, Via Crucis, levo-me à condenação!

Fui Verônica...Cantei o meu desencanto.

Limpei sangue de meu âmago,

deixei registrado no pano

o mais triste desengano.

Fui Madalena arrependida,

pelo homem incompreendida...

e agora cheia de dores e acatos,

vítima de desacatos,

tento levantar-me, ser o meu Cirineu,

reacender a chama que um dia morreu.

Momento sublime! Maria...mãe que redime...

Um encontro... um olhar...

Nem foi preciso falar...

Uma única expressão... saída do coração!

Sedenta de amor, bebi o seu mel...

Desnudei minha alma, arranquei-lhe o véu!

E chorei... Implorei... Me ajoelhei...

Finalmente enxerguei uma luz

semiapagada, de um sol eclipsado

recomeçando a acender.

O amor e a fantasia

O amor deu a mão à fantasia...
E foram aventurar-se pela vida.
A cada excesso da fantasia,
o amor sorria...
A cada arroubo do amor, sorria a fantasia...

Recolhendo vestígios do dia a dia,
sobras de alegria, vibrações da euforia,
oferendas das manhãs, suavidades de tons,
de sons musicais, florais, angelicais...

Momentos fugazes das paixões,
instantes de silêncio das orações.
Do vento, murmúrios e mistérios...
Construíram castelos.Os mais belos!
Rastros de cintilações, essências de emoções,
partículas de ilusões, de utopias,
formando pontes pra felicidade
que conduzem para a liberdade...

Alçaram voo ao topo do belo
e contemplaram o que fizeram...
Entre vastas planícies,
amor e fantasia
transcendendo grandioso reino das palavras...
Eterno lar da poesia.

Enfim é Natal!

Há uma luz diferente no céu!
Tão intensa que transpassa todo véu
que de azul-marinho se faz prata a brilhar
entremeado com o prata-lunar...
Deixando o planeta mais bonito e feliz!
Anjos parecem surfar...
Na mansidão daquela imensidão
preparam-se para encantar a Terra
com suas harpas e cânticos de amor...
Fazem das nuvens, tobogã...
E escorregando vêm ao mundo
em doce missão de alegria e paz.
Expectativas de novos tempos
embaladas por sonhos e sinos a tocar...
Esperanças renascem
em cada coração, a cada oração...
Parece que o Amor se espalha
como fragrância que exala
em cada canto, o seu encanto...
Pensamentos se juntam: Paz!!!
Afastam o desencanto do mal...
A luz se intensifica mais e mais...
Enfim, é Natal!!!

Poema da Felicidade

Perseguir a felicidade é ato inócuo, mas insensato.
De nada adiantaria pressioná-la, persuadi-la.
Nem plantá-la, cultivá-la ou reprimi-la
na esperança vã de um dia ser colhida...

Ela é inesperada... Sem data ou hora marcada...
Vem de sobressalto, como um assalto, num grande salto.
Muda o cenário, faz vibrar o inanimado
e diz tudo, sem palavras, mesmo calada.

E tudo se concretiza a um simples toque de brisa,
torna a vida colorida, mais amena, menos renhida...
Sorrisos se abrem dispersando a monotonia,
poemas ganham vida e esperam nas esquinas.

Porém, imprevisível como um sonho, vai embora,
marcando belos momentos relembrados no agora,
deixando o desejo incólume da felicidade de toda hora.

Posfácio

Há muitos anos acompanho os poemas de Carmen em seu espaço na net, além de uma bela amizade por afinidade de pensamentos e sentimentos que nasceu através do universo das palavras bem tecidas, que no caso de Carmen, são belamente tecidas através de percepções que nascem na fonte de sua bela alma. Sou fã de seu trabalho, acima de tudo porque ela não profana as palavras, não escreve por escrever, não cria reflexões e poemas simplesmente para fazer volume; sinto em seus escritos, que cada texto foi profundamente elaborado e por isso são de uma estética única, uma obra de arte comparável aos grandes mestres da pintura-cada pincelada que compõe as partes da obra final, é dada com toda intensidade de sentimentos sobre cada experiência vivida na jornada de sua vida. Presentes estão as tempestades, as limitações, assim como momentos de grande transcendência, sem a mentira fantasiada de verdade, sem demagogia. Ler seus poemas e reflexões traz um sentimento profundo de maior compreensão e abrangência com os fatos da vida, assim como existe um "compartilhar", onde percebemos nas entrelinhas que não estamos sós, pois suas palavras falam direto ao nosso coração.

Susie Sun
Poetisa e fotógrafa – Florianópolis, Sta Catarina

Biografia da autora

Carmen Lúcia é professora de Ensino Fundamental. Nascida em Caçapava (SP), pequena cidade situada no Vale do Paraíba, que tem como apelido "Cidade Simpatia", repleta de sorrisos, encantos poéticos e românticos.

"Não vou falar de idade, mas de estado d'alma; é a alma que revela o tempo e o momento em que se vive..."

"Portanto possui o sorriso ingênuo de uma criança, o sorriso matreiro do adolescente e o sorriso sábio do idoso."

Aprendeu ballet clássico em sua infância, outra grande paixão e dançou muito, até a adolescência.

"Acho que poesia e dança se entrosam perfeitamente...As duas artes se completam..."

Gosta muito de ler; de preferência, livros de poesias.

Começou a escrever poesias quando sentiu necessidde de extravasar a alma.

"As Vozes da Alma" é seu primeiro livro.

www.ingramcontent.com/pod-product-compliance
Lightning Source LLC
Chambersburg PA
CBHW031332040426
42443CB00005B/310